# LES
# AMAZONES DE LA SEINE

ET

# LA POLICE

PAR

## FÉLIX BELLY

MEMBRE DE LA SOCIÉTÉ D'ÉCONOMIE POLITIQUE

---

**Prix : 15 centimes**

---

PARIS

CHEZ L'AUTEUR, RUE CROIX DES PETITS-CHAMPS, 4

—

1870

# À Monsieur Henri DIDIER, ancien représentant du peuple,

## PROCUREUR DE LA RÉPUBLIQUE

Monsieur,

J'ai eu l'honneur de vous adresser, le 14 octobre courant, une plainte en abus de pouvoir et en violation de toutes les lois qui protègent la liberté individuelle et le domicile, dirigée contre M. Antonin Dubost, secrétaire général de la préfecture de police, et M Mallet, commissaire de police du 3ᵉ arrondissement. J'apporte aujourd'hui, à l'appui de cette plainte, le récit complet des actes inouïs qui se sont passés le 13 octobre, et l'exposé de toutes les circonstances odieuses qui rendent leur répression plus urgente.

Une des premières mesures réparatrices du Gouvernement de la défense nationale a été d'abroger l'article 75 de la constitution de l'an VIII. Il a voulu donner ainsi aux simples citoyens la garantie de la responsabilité des fonctionnaires publics. C'est cette responsabilité que je prends au sérieux et que j'invoque. Il faudrait désespérer de la justice de l'avenir, si le premier crime administratif de la République devait rester impuni. Je vous ai demandé, de défendre en ma personne, le droit souverain de l'initiative privée, et l'inviolabilité du domicile. Je vous demande maintenant de faire cesser le scandale d'une administration entière, employant la calomnie et la diffamation pour justifier une violence injustifiable. Et j'espère encore, monsieur le procureur de la République, que le sentiment d'équité qui vous anime, et la connaissance personnelle que vous avez de mes travaux et de mon caractère, vous dicteront des mesures assez efficaces pour faire enfin respecter aux nouveaux pouvoirs, toujours si impatients d'arbitraire et de despotisme, ce qui est l'essence même de la République, la liberté individuelle.

Je suis avec la plus respectueuse considération,
Monsieur,
Votre très-humble et très-obéissant serviteur,

FÉLIX BELLY.
4, rue *Croix-des-Petits-Champs*.

Paris, le **18** octobre **1870**.

# MÉMOIRE JUSTIFICATIF

## I

Le 3 octobre dernier, je publiais, dans le journal *la Liberté*, qui avait bien voulu m'ouvrir ses colonnes la note suivante, que m'avaient inspirée mes souvenirs d'Amérique et un vif désir de voir la République se consolider par une fusion sociale et des mœurs nouvelles !

Paris, le 3 octobre 1870.

Monsieur,

Pourquoi ne formerait-on pas des bataillons de femmes ? Je n'y vois d'autre empêchement qu'un sot préjugé. Les femmes sont plus actives, plus éveillées, plus courageuses et plus sobres que nous. Elles supportent, dans les devoirs de leur sexe et même dans les plaisirs du monde, des fatigues que nous ne supporterions pas. Elles ont surtout l'immense supériorité de ne pas fumer et de ne pas boire. En outre, l'appareil militaire leur plaît ; elles ont l'instinct de la guerre d'embuscades et un élan irrésistible ; elles feraient d'excellentes troupes d'avant-garde, et leur exemple doublerait la vigueur de celles qui les suivraient.

Si le président Lopez, du Paraguay, a pu résister pendant cinq à six ans à toutes les forces réunies du Brésil et du Rio de la Plata, ce n'est pas avec les troupeaux d'Indiens que lui avaient légués le despotisme de son père et du docteur Francia, c'est grâce à ses régiments de femmes. Elles ont défendu la forteresse d'Humaïta, manœuvré ses canonnières, exécuté les marches les plus hardies, et elles n'ont déposé les armes que lorsque Lopez eut été tué par une balle brésilienne.

Un des colonels de ces régiments de femmes était une Française. Or, il y a peut-être à Paris quarante mille ouvrières sans ouvrage capables du même dévouement, et qui seraient heureuses de recevoir en échange l'indemnité de 1 fr. 50. Il s'y mêlerait un certain nombre de dames d'une classe supérieure, au grand avantage de la fusion des intérêts et des sentiments, si nécessaire aujourd'hui. On les habillerait d'un pantalon et d'une blouse de laine, avec la capeline noire pour coiffure. On les armerait d'abord des fusils des gardes nationaux qui se grisent sur les remparts. On choisirait, pour les commander, des officiers supérieurs d'un esprit ferme et entraînant ; et les postes qui leur seraient confiés, barricades ou bastions, seraient certainement aussi bien gardés que par les hommes.

Un dernier mot d'observation générale. Il n'est pas bon, dans une lutte comme celle-ci, d'isoler les hommes de ce qui les soutient et les enflamme dans les épreuves de la vie. La présence de la femme n'est pas seulement un encouragement décisif : c'est un élément d'ordre et de dignité personnelle. Il y aurait moins d'ivrognes si des patrouilles de femmes les traitaient comme ils le méritent. Le sérieux de la situation et la discipline imposeraient silence aux propos malséants. L'étranger ne verrait pas sans respect cet héroïsme inattendu. Il n'est même pas indifférent, pour la tranquillité future, que les femmes d'un caractère décidé échappent ainsi aux excitations et aux idées fausses de leur milieu, pour se retremper dans l'atmosphère plus saine des périls communs. C'est toujours par les femmes que commencent les révolutions de la faim. La prudence et notre propre histoire nous conseillent au moins de tenter un essai. Souvenons-nous des femmes de Saragosse, et ouvrons nos rangs aux Jeanne Hachette et aux Jeanne d'Arc disposées à combattre comme nous l'ennemi qui viole également le sol de la patrie et l'honneur du foyer !

FÉLIX BELLY.

*P. S.* Je suis tout prêt, si le Gouvernement entre dans ces vues, à préparer l'organisation du premier bataillon des AMAZONES DE LA RÉPUBLIQUE, dans l'espérance que l'industrie privée s'empressera de fabriquer pour elles de nouveaux fusils chassepots plus légers et plus maniables que ceux actuellement en usage.

Le même jour, j'écrivais au général Trochu pour lui exposer le but de cette institution, avec quelques détails sommaires sur sa portée politique, et je faisais remettre ma lettre entre les mains d'un de ses aides de camp, par un officier supérieur de mes amis.

Or, ce jour-là, 3 octobre — c'était un lundi — la *Liberté* ne parut qu'à 5 heures et demie du soir, et le lendemain à huit heures du matin, j'avais déjà reçu des adhésions et des demandes d'inscription. Mon initiative répondait donc à un besoin latent, à un sentiment profond de la population féminine. J'ai su depuis, qu'une proposition semblable avait été adressée par une femme, dès le 14 septembre, à M. Jules Favre, et que le vice-président du Gouvernement y avait applaudi, en regrettant de n'avoir pas de fusils à la disposition des Jeanne Hachette de Paris. « Nous sommes heureuses, me disaient mes deux premières correspondantes, que cette pensée qui nous est venue depuis les malheurs de notre chère France, ait enfin trouvé un interprète. » « Oui ! mille fois oui ! s'écriait une autre dans une lettre qu'il faudrait citer en entier, oui, j'irai au combat en chantant ; et le bruit du canon n'éteindra pas ma voix ; et elle ne tremblera pas, croyez-le, si en mourant je peux encore, dans un effort suprême, dire : Vive notre pays, vive à jamais la République !

Je n'étais donc pas un rêveur ! Je ne recherchais donc pas une popularité malsaine ! Je ne provoquais donc pas une manifestation ridicule ! comme on s'est plu à l'insinuer dans certains journaux, très indulgents d'ordinaire pour les saturnales de la haute vie. J'avais derrière moi vingt ans d'honneur et de travaux acharnés, et quarante mille lieues de voyages et d'études économiques qui auraient dû me valoir plus d'égards. Je sentais avec mon âme, voilà tout. Je voyais clair dans les aspirations et les douleurs de la partie la plus saine de la bourgeoisie laborieuse, comme j'avais vu clair, deux mois auparavant, dans notre situation, quand je risquais de me faire arrêter sur le boulevard, en protestant contre les hurlements policiers : *à Berlin, à Berlin.* Je ne suis pas un mouton de Panurge. Je ne me crois pas obligé de sauter quand les autres sautent. Je ne pense pas que la sottise soit moins sotte, parce qu'elle a des journaux pour organes. Je juge avec ma conscience et avec ma raison. Je vis de la vie populaire dans le sens humain de ce mot, et je savais d'avance que des milliers d'épouses et de sœurs accueilleraient avec joie l'idée de partager les fatigues et les périls de ceux qui leur étaient chers.

Je ne m'étais pas trompé. Les lettres et les visites arrivèrent si nombreuses que je fus obligé, dès le lendemain, d'ouvrir une liste d'inscription. C'étaient des jeunes femmes ou de jeunes filles qui avaient cherché inutilement à s'utiliser dans les ambulances, et se plaignaient beaucoup de l'encombrement masculin contre lequel elles s'étaient heurtées. Elles se présentaient avec leurs mères ou avec un parent, plusieurs avec leur mari, rarement seules, toujours sérieuses et émues, quelques-unes les larmes aux yeux. Toutes les lettres me félicitaient d'avoir enfin compris que les femmes ne devaient pas rester simples spectatrices d'une guerre qui menaçait leur foyer et leur honneur. Les plus humbles, un peu faibles quelquefois d'orthographe, n'en étaient que plus fortes de sentiment et de patriotisme. « Ce n'est pas la gloire, disait une de ces dernières, qui nous fait demander des armes ; il est de notre devoir de venger la mort de nos frères et d'expulser cette horde sauvage qui souille depuis si longtemps le territoire français. Des armes ! et nous ferons notre devoir ! »

Le côté social même de l'organisation proposée n'avait pas échappé à l'attention féminine, témoin cette phrase si nette d'une élève du Conservatoire : « Si

» nous prenions une part active à la dé-
» fense de notre patrie, on serait bien
» forcé de ne plus nous regarder comme
» un instrument de plaisir ou comme un
» ornement de luxe indispensable à la
» vanité, et nous aurions le droit de de-
» mander pour nos filles une instruction
» relativement aussi sérieuse que pour
» les garçons, afin que la mère pût sur-
» veiller elle-même l'éducation de ses
» enfants. » Mais le sentiment général se
résumait dans cette conclusion d'une
dame qui s'engageait avec sa fille : « La
» France a besoin d'être relevée. Et si
» nous pouvons servir à la défense du
» pays, nos enfants pourront dire que la
» France envahie fut sauvée par le cou-
» rage des soldats et par l'énergie et la
» résolution des femmes. »

J'étais donc autorisé à penser que j'a-
vais frappé juste; qu'il y avait là une
force, un stimulant, un effet moral, une
réserve d'héroïsme, qu'il serait inepte et
odieux de repousser. La création de la
commission des barricades prouvait qu'on
avait prévu même la guerre des rues,
même le siége des maisons, comme à Sar-
ragosse. La plus vulgaire prudence com-
mandait, en conséquence, de laisser au
moins les femmes s'armer à leur gré pour
cette lutte suprême. La conduite du pouvoir déchu à l'égard de la garde nationale avait provoqué trop de légitimes ré-
clamations pour qu'on l'imitât. Il fallait
d'ailleurs songer aux sorties en masse ;
c'était le vœu public, le cri de détresse
de la faim, la nécessité de l'approvision-
nement. Quoi de plus logique alors que
de confier les remparts aux femmes des
combattants qui seraient redevenues in-
firmières et sœurs de charité à leur retour? Il y avait cent raisons pour favoriser
l'élan qui se produisait; il n'y avait que
des prétextes cyniques pour s'y opposer.
Je ne crus pas un moment que les mœurs
de l'Empire dussent rester le type moral
de la République; et, décidé comme toujours à faire ce que ma clairvoyance
jugeait bon et utile, j'envoyai à la *Liberté*
cette seconde note qui posait clairement
la question d'exécution.

Paris, le 15 octobre 1870.

Monsieur,

Depuis que vous avez publié ma première
note sur les bataillons d'Amazones, c'est-à-
dire depuis vingt-quatre heures, j'ai reçu
assez de lettres d'adhésion et de visites pour
pouvoir vous affirmer qu'une grande partie
de la population féminine de Paris attend
cette création avec impatience. Elle répond
à une pensée qui était déjà venue à plusieurs
de mes correspondantes. Toutes se plaignent
de n'être utilisées ni pour les ambulances,
où des hommes forts et robustes se prélas-
sent sans vergogne, ni pour les soins domestiques à donner aux gardes nationaux
sur les remparts. Toutes demandent à servir
la patrie en danger d'une manière quelconque, se disant prêtes à tous les sacrifices de
bien être, et le disant avec une émotion
profonde qui m'a souvent gagné.

Quant à l'enrôlement militaire, il est ac-
cepté d'emblée, avec joie, sans réserve, et
par des femmes de toutes les classes, excepté
de celle qu'on n'accepte pas. Une mère s'est
engagée pour elle et sa fille. Plusieurs
m'ont offert de s'habiller à leur frais d'après
le modèle qui sera adopté. J'en sais d'autres
qui s'étaient déjà arrangées pour faire le
coup de feu à côté de leurs maris. Leur im-
pression générale est que les hommes ont
besoin de stimulant et d'éclaireurs, et que
l'abus du cigare et de la pipe les entretient
dans une demi-somnolence morale, propice
aux surprises, tandis qu'aucune femme ne
se laisserait surprendre. Bref, l'élan est si
vif, que si j'étais en mesure de faire un appel public et d'ouvrir un bureau d'enrôlement, il y aurait certainement dix bataillons
d'Amazones avant quinze jours.

Je me suis assuré le concours d'un officier
supérieur de l'armée pour leur organisation,
et j'ai adressé ma demande en règle à qui
de droit. Mais je suis disposé à me passer
de toute autorisation officielle si la presse
entière veut bien me seconder. Personne
n'a le droit d'empêcher les femmes de Paris
de s'entendre pour concourir à la défense de
leur foyers. C'est une affaire d'initiative patriotique et d'argent. Les bataillons d'Amazones seront créés le jour où les dames des
classes riches auront compris que l'heure
des colifichets est passée; et que, ne pouvant ou ne voulant payer de leur personne,
elles doivent au moins payer de leur superflu le dévouement de celles qui protègent
leur propriété, l'héritage de leurs enfants et
l'honneur de leur sexe.

FÉLIX BELLY.

Ainsi, je ne demandais rien au Gouvernement, pas même des armes. Je
comptais sur l'initiative privée, la seule
véritable institution des Etats-Unis, qui
en a fait en moins d'un siècle, la plus
puissante nation du monde. Je donnais
l'exemple, si nécessaire aujourd'hui,
d'une création indépendante de la bu-

reaucratie. Je réalisais d'emblée, pour une moitié de la population parisienne, cet idéal du *self-government*, que toute la presse réclamait il y a deux mois, quand son personnel n'avait pas encore envahi les administrations. Je préludais, par la fusion des classes féminines dans une organisation temporaire, à leur entente future sur le terrain de l'instruction publique et de la rénovation sociale. Je croyais concourir enfin, dans la mesure de mes forces, à la transformation morale que réclame le nouveau régime, en faisant oublier aux femmes, dans un grand effort de patriotisme, leurs habitudes traditionnelles de luxe, de vanité et de jalousie, et, par contre, les préventions mutuelles qui les séparent, au grand danger des institutions de l'avenir.

Je tentai les premières démarches et tout de suite l'initiative privée me vint en aide. Il me fallait un local gratuit pour les bureaux; je le demandai par l'intermédiaire de la *Liberté* et de la *France*, et vingt-quatre heures après un ancien officier, porteur d'un beau nom, m'offrait celui de la rue Turbigo, n. 36. Il le fit même débarrasser, à ses frais, d'un matériel qui l'encombrait pour que je n'eusse qu'à m'asseoir en en prenant possession. Tout le reste m'arriva ainsi, à son heure, par la seule puissance de l'idée que je venais de lancer dans la circulation. Cette idée semblait, à tous, noble et féconde; il fallait le contact de la police pour la salir. Elle m'attira des offres de toute espèce, y compris des armes dont j'avais besoin; car à peine était-je installé rue Turbigo, qu'un de nos grands armuriers mettait 200 fusils légers à ma disposition. Tous les magasins de Paris avaient été fouillés pour y trouver les étoffes nécessaires à l'habillement des amazones pauvres. Il ne fallait que se mettre à l'œuvre pour voir un premier bataillon d'amazones se former tout seul. Un concours généreux me permit de couvrir les murs de Paris des affiches que tout le monde a lues, et le 12 octobre, huit jours à peine après la première publication de la *Liberté*, j'ouvrais les listes d'enrôlement de la nouvelle landwehr parisienne.

Je ne reproduirai pas ici l'affiche entière; mais pour que le but de l'institution soit bien présent à l'esprit de mes lecteurs et des juges que j'invoque, il

me semble utile d'en citer les deux passages suivants :

Ces bataillons sont principalement destinés à défendre les remparts et les barricades, concurremment avec la partie la plus sédentaire de la garde nationale et à rendre aux combattants, dans les rangs desquels ils seraient distribués par compagnies, tous les services domestiques et fraternels compatibles avec l'ordre moral et la discipline militaire. Ils se chargeront, en outre, de donner aux blessés, sur les remparts, les premiers soins, qui leur éviteront le supplice d'une attente de plusieurs heures.

. . . . . . . . . . . . . . . . . . .

Pour couvrir les frais de cette création, qui doit être improvisée, sous peine de devenir inutile, un appel, adressé par la voie de la presse aux dames des classes riches, sollicitera de leur patriotisme et de leur intérêt bien entendu le sacrifice de leur superflu à la cause sacrée du pays. Elles ont assez de bracelets, de colliers et de bijoux, que leur arracherait le brigandage prussien si Paris succombait, pour armer cent mille de leurs sœurs. Elles ne se refuseront pas, je l'espère, à témoigner de leurs sentiments civiques par les plus larges souscriptions, et à renverser ainsi la barrière qui les a trop longtemps séparées des classes laborieuses. (1)

Le premier jour, il y eut plus de 300 inscriptions. L'affiche portait qu'on ne pouvait se présenter qu'avec un garde national comme répondant. Je faisais signer le garde national, dont j'avais pris le nom, l'adresse et la qualité. Je croyais tout d'abord obtenir ainsi une garantie suffisante de moralité. Mais je m'aperçus bientôt que quelques-uns des répondants n'avaient pas une notion très haute des exigences sociales. Je ne pouvais pas leur en faire un reproche public devant la foule qui encombrait le bureau. Je me contentai de prendre, pour ce jour-là, des notes hiéroglyphiques d'élimination, et le lendemain, dès huit heures du matin, je faisais afficher à la porte de la rue et dans toutes les pièces de l'appartement un avis ainsi conçu :

ON NE PEUT SE PRÉSENTER COMME RÉPONDANT QUE SI L'ON EST LE PÈRE, LE FRÈRE, LE MARI OU LE PATRON DE LA PERSONNE QU'ON AMÈNE.

_____________

(1) Voir l'affiche entière, en note à la fin de ce mémoire.

TOUT GARDE NATIONAL QUI GARANTIRA FAUSSEMENT LA MORALITÉ ET LA SITUATION RÉGULIÈRE D'UNE FEMME, S'EXPOSERA A DES POURSUITES.

Telles étaient les précautions prises pour imprimer à l'institution projetée un tel cachet de respectabilité, qu'il forçât le respect des plus prévenus. Je me réservais, en outre, de soumettre toutes les listes ainsi dressées à la double épuration d'un conseil de discipline de dames et d'un minutieux examen personnel. Il s'était révélé, dès le premier jour, des aptitudes que j'avais immédiatement utilisées pour l'enregistrement des postulantes, et chacune de ces secrétaires improvisées, dont la convenance égalait la perspicacité, avait pour mot d'ordre de noter toutes les circonstances d'instruction, de ton et de caractère qui pouvaient me permettre de faire un choix. Je m'étais préparé ainsi tous les éléments d'un cadre provisoire d'officiers et de sous-officiers, que j'aurais convoqués tout d'abord, pour les confier aux premiers instructeurs. Ces instructeurs eux-mêmes devaient être mariés et avoir leurs femmes dans le cadre, pour plus de garantie, et je ne désespérais pas de faire commander le bataillon entier par un ancien officier, dont la fille, élevée à l'américaine, aurait été le capitaine adjudant-major.

Ainsi, dès le second jour, tout fonctionnait avec une précision et une régularité que nos administrations tracassières et gourmées n'ont jamais connues. Les jeunes filles procédaient seules à l'enrôlement, dans les conditions déterminées. Je n'intervenais moi-même que pour les cas douteux et les situations exceptionnelles, et j'imposais alors tous les certificats de moralité que réclament les services publics les plus scrupuleux. C'était un mécanisme monté qui pouvait enregistrer au moins 1,000 Amazones par jour et organiser successivement autant de bataillons que l'auraient permis les ressources attendues des classes supérieures. Plus de 1,500 personnes avaient passé par les bureaux dans les deux journées du 12 et du 13 octobre, sans l'ombre même d'un désordre, sans qu'une parole équivoque eût été prononcée, quand la police est venue souiller de sa présence ce concours d'honnêtes gens, dont le patriotisme n'avoit rien de commun avec elle.

Je me trompe. Il y avait un grand désordre moral, mais dans la rue, à la porte de la maison, sous l'œil même de cette police qui se gardait bien d'intervenir pour dissiper des groupes hostiles. Déjà la veille, des femmes avaient été insultées en passant. Il y a Paris, dans des classes que je ne veux pas désigner, beaucoup d'hommes pour qui l'obscénité de langages et de manières est un titre de gloire. On en avait arrêté un, le 13, à la prière de deux dames indignées, lequel trouvait tout simple d'écrire, au-dessous de mon nom, sur toutes les affiches qu'il rencontrait, des qualifications infâmantes. Il en était venu un certain nombre rue de Turbigo, quelques-uns en gardes nationaux; et c'étaient de ces bouches pourries que sortaient contre l'institution elle-même, qui ne leur demandait rien, des propos de corps de garde, des calomnies et des hypothèses de goujats, et parfois des menaces d'émeutiers. C'est ainsi qu'une partie de la population parisienne, heureusement en minorité, comprend la liberté et la République.

Averti la veille, je m'étais rendu, le lendemain matin, chez le commissaire du quartier pour lui exposer la situation et lui demander des gardiens. Déçu de ce côté, je courus aux postes les plus voisins solliciter deux plantons, qu'on ne m'accorda pas. Je pris alors sur moi de placer à la porte de la rue deux gardes nationaux de bonne volonté pour maintenir la circulation et protéger au moins l'ordre matériel. J'avais pourvu ainsi, dans la mesure du possible, à toutes les exigences intérieures et extérieures, et j'étais loin de supposer que c'était précisément sous l'inspiration des insulteurs d'en bas que l'autorité, jusque-là passive, allait subitement déployer toutes ses rigueurs, sans l'ombre même d'un motif d'intervention.

## II

Le second jour donc, 13 octobre, sur les quatre heures, deux hommes se présentèrent dans mon bureau, dont l'un s'annonça comme le commissaire de police du 3ᵉ arrondissement et me demanda si j'avais une autorisation de procéder à l'organisation des Amazones. Je lui répondis que je n'en avais nul besoin, que je recevais chez moi qui bon me semblait, et que personne n'avait le droit de m'empêcher d'enregistrer les adhésions volontaires qui se présentaient. M. Mallet, c'était son nom, me répliqua qu'il avait reçu une lettre du maire, M. Bonvallet, qu'il courait des bruits fâcheux dans le quartier, et qu'il m'invitait à venir m'en expliquer à la préfecture de police, où sans doute, disait-il, tout s'arrangerait. Je ne fis aucune objection, et nous partîmes, laissant le bureau, qui ne s'était aperçu de rien, continuer ses opérations.

Chemin faisant, M. Mallet me montra la lettre de M. Bonvallet, où il était dit que je faisais des *inscriptions rémunérées*. Le maire du 3e arrondissement avait entendu énoncer autour de lui cette calomnie haineuse, et sans autre investigation, il l'avait acceptée comme un fait acquis. M. Mallet ajouta que selon la rumeur publique, je prélevais un franc par personne. Je protestai du geste plus encore que de la parole. « Mais j'ai vu moi-même une somme d'argent sur le comptoir, » me dit-il.

Plus l'accusation est énorme et invraisemblable, plus elle déconcerte. Il m'aurait accusé d'avoir volé les tours de Notre-Dame, que je n'aurais pas été aussi stupéfait. Les quinze cents témoins du contraire n'étaient pas là pour lui fermer la bouche. Je me tus. M. Mallet, du reste, se montrait bon prince. Il ne me reprochait que de n'avoir pas fait une visite à M. Bonvallet pour lui demander son appui, qui m'aurait été certainement accordé, et il ne paraissait pas se douter qu'il me faisait ainsi la théorie de l'empire autoritaire, mais pas du tout celle de la République.

Arrivé à la préfecture de police, je me trouvai en présence d'un personnage olympien, dont l'attitude, à mon égard, fut à peu près celle du juge devant un grand criminel. M. Antonin Dubost, le personnage en question, tenait à la main le *Journal officiel* de la veille, où avait paru le décret du général Trochu contre la formation de nouveaux corps francs, et il me demanda pourquoi j'avais osé violer ce décret en ouvrant un registre d'enrôlement sans autorisation préalable. J'essayai de lui expliquer que ce décret n'avait en vue que d'empêcher la dissé-

mination des forces de la garde nationale; qu'il ne pouvait prévoir ce qui n'existait pas, et que c'était lui donner une interprétation judaïque que de l'appliquer aux femmes. M. Dubost en revenait toujours à la marotte policière de l'autorisation préalable. J'organisais des bataillons de femmes, donc je formais des corps francs. Il n'y avait rien à répliquer à cette triomphante logique.

Je répliquai cependant que mon organisation se bornait, pour le moment, à dresser des listes privées dans un domicile privé; que j'en avais prévenu d'avance le gouverneur de Paris; que je ne pouvais adresser aucune autre demande à l'autorité avant d'avoir entre les mains des cadres et un personnel; que personne n'aurait pris au sérieux des régiments de femmes, si je les avais proposés *a priori*, et qu'on ne pouvait me faire un crime d'avoir commencé par le commencement. M. Dubost bondissait sur son fauteuil, j'allais dire sur son trône, comme si j'avais tenu des propos incendiaires. Le commissaire lui avait fourni un nouveau texte d'indignation en lui répétant qu'il avait vu une somme d'argent sur le bureau. Je dus me croire bien heureux de ne pas être traité de voleur. Mais l'ordre fut donné de saisir, séance tenante, toutes les pièces relatives aux Amazones et de couper court à une création qui ne convenait pas à Son Excellence. *Sic volo, sic jubeo, sit pro ratione volontas.*

Et voilà où nous en sommes cinq semaines après le 4 septembre ! pensai-je en revenant rue Turbigo. Voilà où nous en sommes sous le gouvernement le plus honnête, le plus éclairé et le plus patriotique dont la France ait jamais joui ! Nous croyions avoir enfin conquis la liberté, ce mirage éternel des peuples esclaves, ce labarum divin du progrès moderne; et le dernier venu des salariés de l'impôt nous replonge d'un mot dans le néant de la servitude ! Et il y a des milliers de républicains de cette espèce, pour qui la République n'est que leur propre domination, leur propre grandeur, le triomphe violent de leur fanatisme ou de leur sottise ! Je ne sais ce que nous réservent la destinée et les événements; mais tant qu'il y aura des Dubost et des Mallet, tant que des personnalités de cette ineptie ou de cet égoïsme seront maintenus par la camaraderie administrative aux postes où le hasard les aura portés, la République elle-même ne sera qu'une institution de hasard.

La saisie eut lieu, comme l'avait décrétée l'autocrate. M. Mallet interrogea tout le monde, prit connaissance de toutes les pièces, se convainquit lui-même de la fausseté de ses appréciations premières, et me donna rendez-vous pour le lendemain à dix heures, m'assurant que son rapport devait avoir pour effet de me restituer ce qu'il emportait, et de justifier toute l'organisation des Amazones. Il est toujours très difficile de sonder l'âme d'un homme de police. On ne se voue pas à ce métier sans posséder une conscience à double fond. Je ne sais encore si M. Mallet était sincère ; mais quand, à la fin de cette œuvre de spoliation qui dura plus d'une heure, je lui annonçai que pour maintenir le principe violé en ma personne j'allais protester contre la saisie, il ne répondit rien.

J'avais eu vingt fois sur les lèvres de lui demander ce qu'il ferait si j'opposais une résistance matérielle à l'abus de la force. La question était dangereuse en présence des dispositions de la foule qui stationnait dans la rue. Je me résignai à attendre une meilleure occasion pour imposer le respect de la liberté à ceux que la force seule peut convaincre. Je comptais d'ailleurs sur un retour subit à d'autres errements produit par la loyauté même de mon rôle dans cette inqualifiable surprise.

C'était encore une illusion. J'allai inutilement le lendemain chercher le dossier qui devait m'être restitué. J'avais été assailli, toute la matinée, de demandes d'inscriptions. Ne pouvant plus y répondre, je m'enfermai dans mon bureau pour rédiger ma protestation. — Mais on ne tarda pas à venir me prévenir que la maison était envahie par une bande furieuse, se disant venir de la police, qui voulait me faire un mauvais parti. On ne parlait rien moins que d'enfoncer les portes et de m'arracher à ma retraite. Je fus obligé d'aller continuer ma rédaction au sixième étage, chez une voisine obligeante, au bruit des rumeurs croissantes de la double foule des femmes qui voulaient se faire inscrire, et des terroriseurs du trottoir; et je ne pus

m'échapper ensuite que par une porte latérale. Le projet des Amazones avait sombré dans la boue de la voyoucratie. Je jetai à la poste la plainte préparée pour le procureur de la République, et j'attends encore que justice soit faite et que le droit soit vengé.

III

Je ne ferai pas à la police l'honneur de discuter avec elle. La violence brutale qu'elle a déployée dans cette occasion est un fait monstrueux, sans précédents jusqu'ici, en dehors des arrestations politiques. C'est du brigandage pur et simple : triste inauguration de la République, telle que certaines cupidités la comprennent. On ne peut que dresser contre de tels attentats le réquisitoire de la loi de Lynch, et demander la fermeture immédiate de ce Montfaucon moral qui empoisonne tout Paris. MM. Dubost et Mallet auraient été pendus à San-Francisco, sans forme de procès, sous le régime sauveur du *Comité de vigilance* qui a débarrassé la Californie de son écume, à commencer par ses premiers magistrats. Je me serais fait justice moi-même si j'avais eu des armes sous la main. Il ne faut pas du moins que l'opinion prenne le change et qu'elle suppose au crime policier l'ombre même d'un prétexte sérieux.

Qui dit police, dit calomnies souterraines et diffamation à outrance. « Calomniez, calomniez! répétait le maître, il en restera toujours quelque chose... » C'est le mot le plus profond et le plus vrai de notre époque... C'est le secret des influences occultes contre lesquelles viennent se briser les plus nobles projets, les initiatives les plus fécondes, les caractères les mieux trempés. C'est la force et le levier de la police! Ses abominables archives, qu'il faudrait faire brûler en place de Grève par la main du bourreau, ne sont que l'application cynique de cette maxime infernale. Elle ne pouvait justifier sa conduite à mon égard que par la calomnie; elle en a usé sans ménagements et sans pudeur,— comme on va en juger par quelques détails.

J'ai déjà dit que le commissaire de police avait affirmé à M. Dubost qu'il avait vu de ses yeux une somme d'argent sur le comptoir des secrétaires. C'était ou une hallucination ou une imposture gratuite. Mais on sait que la parole d'un agent officiel ne supporte aucun démenti. Le transporté de la veille, devenu le fonctionnaire du lendemain, se trouve investi d'emblée, par la grâce d'état, de l'infaillibilité et de l'impeccabilité d'un être divin. C'est la tradition bureaucratique de trois quarts de siècle. C'est l'infatuation de l'administration entière dont on n'aura raison qu'en la supprimant elle-même. L'affirmation du commissaire fut acceptée sans contrôle, sans enquête, sans instruction d'aucune sorte, et il fut acquis dès lors, dans le sanctuaire si pur de la rue de Jérusalem, que je faisais payer les inscriptions un prix quelconque, et qu'en conséquence j'avais, tout simplement, battu monnaie avec le projet des Amazones.

Mais cela ne suffisait pas pour étourdir la conscience publique et frapper d'impuissance tout recours à la loi. Une accusation plus grave était suggérée par les propos obscènes de la rue, accusation trop au niveau des idées morales du bureau des mœurs pour ne pas être accueillie avec empressement. Un homme qui s'avisait de songer à associer les femmes à nos préoccupations patriotiques, et à changer les mœurs de l'empire par la régénération des classes féminines, ne pouvait être, aux yeux des manipulateurs de la débauche légale, qu'un débauché grandiose, et son bureau qu'un rendez-vous de prostituées. C'est ainsi qu'on raisonne dans ces régions maudites que le Dante n'avait pas entrevues. C'est ainsi qu'on raisonne même dans d'autres milieux où le cabinet particulier est encore l'idéal de la civilisation.

Il y avait bien cette circonstance embarrassante qu'une femme ne devait se présenter au bureau qu'accompagnée de son père ou de son mari, ou du moins d'un garde national comme répondant, tandis que messieurs les administrateurs de toutes les catégories ne se gênent pas pour recevoir des dames seules. Mais qu'importe l'évidence d'une moralité absolue quand on a besoin de l'immoralité! L'exploitation féminine devint la seconde excuse, l'excuse vertueuse du coup d'E-

tat policier; et comme toutes les administrations respirent la même atmosphère et font partie de la même franc-maçonnerie, je fus, au bout de 24 heures, dûment convaincu, par l'intuition spéciale du génie bureaucratique, de n'avoir cherché, dans la création de la landwehr amazonienne, qu'une double satisfaction de passions inavouables et d'argent.

C'était bien joué, MM. les Baziles! mais vous n'en serez pas moins déçus dans vos prévisions, et tout votre échafaudage de mensonges ne vous sauvera pas de la flétrissure. Vous avez tout saisi rue Turbigo, listes d'inscription, affiches, notes de dépenses et lettres particulières. Vous tenez entre vos mains de mille à douze cents adresses et des centaines d'indications administratives. Eh bien! je vous défie de trouver, à l'aide de tous ces documents, un seul témoignage, un seul fait, une seule révélation qui ne vous confonde pas. Vous avez pu répandre votre venin jusqu'à la préfecture de la Seine où la morgue fonctionnomane a déjà troublé quelques cerveaux, et jusqu'aux plus hauts sommets de la hiérarchie officielle. Vous arrêterez peut-être les effets de ma plainte au parquet par la pression fatale que vous exercez sur la magistrature. Mais vous ne toucherez ni à mon honneur ni à l'idée morale qui m'inspirait. L'un et l'autre survivront à vos souillures, comme la société elle-même plane au-dessus de votre sentine.

En revanche, vous aurez prouvé, de la manière la plus éclatante, que si le Gouvernement de la défense nationale a mérité depuis cinq semaines le respect, l'admiration et la reconnaissance de la France entière, il y a au-dessous de lui plus d'un fonctionnaire d'aventure qui ne mérite que le dédain. Vous aurez prouvé que ce n'est pas l'amour de la liberté et de la justice qui vous ameutait contre l'empire, mais la concupiscence aveugle des places et de la dictature. Vous aurez démontré du même coup, au Gouvernement lui-même, qu'il ne maintiendra la République qu'en la purifiant des appétits du ruisseau, et qu'en replongeant dans leur obscurité native tous ces satrapes de fantaisie, qu'un jour d'orage a fait éclore, et sur lesquels courent déjà les plus tristes rumeurs d'incapacité, de favoritisme et d'arbitraire.

Quant à ma personne, que plusieurs

membres de l'administration supérieure connaissent de longue date, elle ne relève ni de votre école, ni de votre juridiction, ni de votre individualité, monsieur le secrétaire général Dubost (1). Je n'appartiens pas à la génération des roués et des sceptiques. J'ai la foi ardente des hommes de 89 et la fière indépendance du labeur quotidien. Vous ne m'avez jamais vu sacrifier au veau d'or ou flatter les scandales qui sont la honte et l'énervement de notre époque. J'ai mieux aimé me vouer, au dehors, à des travaux écrasants, que de trouver, au dedans, une fortune facile au prix de ma conscience. J'avais soulevé, popularisé et théoriquement résolu une des plus grosses questions du siècle, celle de la coupure de l'isthme américain, et préparé la plus grande révolution économique du monde moderne, quand vous ne saviez pas encore le premier mot des problèmes de la démocratie. Ma vie entière n'est que la lutte du vrai et du juste contre les aberrations de mon temps; et si la valeur humaine se mesure à la somme d'idées saines qu'on a semées, et aux exemples de dignité morale qu'on a donnés autour de soi, sous ce double rapport, sachez-le bien, monsieur, je suis quelque chose et vous n'êtes rien.

Il vous était permis sans doute d'ignorer mon nom, comme vous ignoriez les plus vulgaires notions du droit. Mais voyiez comme votre ignorance tombait mal! Le 16 août dernier, trois semaines avant la Révolution, je faisais remettre à M. Jules Favre, pour être déposée sur le bureau du Corps législatif, une pétition motivée demandant la déchéance immédiate de l'empereur et la mise en accusation de tout le personnel impérial, à commencer par M. Piétri; et le lendemain, je partais pour Bruxelles, afin d'y faire imprimer sous ce titre : *Déchéance et Liberté* (2), une brochure, dont la publica-

tion à Paris, si elle eût été possible, aurait peut être évité le désastre de Sedan. Ne trouvez-vous pas étrange maintenant que ce soit par le signataire de cette pétition et de cette brochure qu'ait débuté la persécution césarienne d'un nouveau Piétri? Ce n'était pas assez d'être inique, vous avez été maladroit. Vous ne connaissez ni les hommes ni les choses de la véritable élaboration du progrès. Vous voulez parodier au passé dictatorial, dont la sombre grandeur désavouerait vos petites saturnales. Laissez les destinées de l'avenir à ceux qui les comprennent mieux que vous, et ne recommencez pas 1848 pour nous ramener encore aux carrières monarchiques.

Il est très vrai qu'une certaine partie de la presse n'a pas accueilli mon initiative avec faveur. Elle n'a même pas compris, en présence de votre odieux abus de pouvoir, que la société entière était atteinte, quand un seul droit individuel était lésé. Elle a donné ainsi une nouvelle preuve de cette légèreté d'impressions qui lui faisait insulter M. Thiers, il y a trois mois, pour l'acte le plus courageux et le plus honorable de sa vie, tandis que je le félicitais dans une lettre pleine de douloureux pressentiments, d'avoir bravé le chauvinisme régnant pour empêcher la guerre la plus insensée et la plus funeste (1). De quel côté étaient alors la sagesse, la justice et le bon sens? Quelle autorité peuvent avoir des critiques de boudoir ou de coulisses, dont la plume servile s'est vouée, sans scrupule, à toutes les mauvaises causes de l'empire? Si cette portion de la presse a obéi, à l'égard des amazones, aux inspirations équivoques du boulevard, tant pis pour elle! C'est à ses calculs de boutique et à son défaut de sens moral que remonte la plus lourde part de responsabilité dans nos malheurs, et je ne suis pas plus disposé à l'accepter pour juge que l'Europe ne l'est à la prendre pour modèle.

J'ai heurté de front les mœurs de mon temps, cela est certain. Mais qu'ont donc ces mœurs de si respectable pour qu'on

(1) Depuis que ces lignes sont écrites, M. Dubost a été envoyé en mission auprès de la délégation de Tours. Il méritait une destitution et un jugement sommaire; on lui a donné un poste de confiance. Cette iniquité nouvelle laisserait croire que la camaraderie politique est le seul principe d'une coterie en faveur. Mais elle ne change rien à la portée de mon acte d'accusation, si ce n'est qu'elle l'étend à tous les protecteurs de M. Dubost.

(2) Cette brochure qui a été traduite en anglais dès le lendemain de sa publication, à Bruxelles,

était entre les mains de M. le général Trochu, et de MM. Thiers, Ernest Picard, etc., etc., avant la fin du mois d'août.

(1) J'ai conservé comme un titre d'honneur et de justesse d'esprit, la carte de M. Thiers qui me remercie de cette lettre du 17 juillet dernier.

les respecte? Paris est-il destiné à rester sous la République comme sous l'empire le grand lupanar des deux mondes? Croit-on possible même de construire l'édifice de nos nouvelles institutions dans la fange où les anciennes ont péri? J'ai heurté les mœurs de mon temps, avec le sentiment profond de ses besoins, comme M. Athanase Cocquerel les flagellait hier dans une conférence applaudie, comme M. Jules Simon leur opposait, dans sa dernière circulaire , l'urgence d'une éducation plus virile pour la femme. Les journaux de Boston, de Baltimore et de Philadelphie, où l'on ne connaît ni le demi-monde, ni l'heure de l'absinthe, ni les clubs de fumeurs, n'auraient eu que des éloges pour ce rappel à des habitudes sociales plus conservatrices en même temps que plus républicaines. Plusieurs correspondants de feuilles anglaises étaient venus s'informer sur place du caractère et des détails de l'institution, pour en parler du moins avec compétence et dignité. Je n'ai reçu qu'une seule lettre féminine d'un ton injurieux ; elle venait d'une maison de tolérance. Je n'ai rencontré qu'un seul obstacle dans ma tentative de réalisation : l'intervention de la police. La fille publique et la police, voilà ce que certains journaux ont défendu en m'attaquant, sans même se donner la peine d'appuyer leurs déclamations sur une enquête préalable.

Qu'y avait-il donc de si ridicule dans cette idée d'arracher vingt ou trente mille femmes aux mauvais conseils de l'oisiveté et de la faim pour les jeter dans les saines préoccupations du péril commun, et d'appeler les classes riches à concourir, elles aussi, à notre défense et à la régénération de leur sexe par une large participation de leur fortune dans une œuvre de fusion sociale? Quel ridicule voyez-vous donc dans ce costume d'une simplicité monastique, nécessaire pour éviter les sanglantes représailles de l'ennemi, et dans la remise entre les mains de la seconde moitié de la population parisienne, de plus de cent mille mousquetons ou fusils légers aujourd'hui sans emploi (1)? Êtes-vous donc si sûrs de la victoire au dehors que vous ne puissiez

admettre l'éventualité d'une guerre de rues? N'était-ce rien, d'ailleurs, que cet élan nouveau, cet exemple inattendu de courage et de patriotisme, donné par la faiblesse féminine à une génération amollie? N'était-ce rien que l'effet de cet héroïsme sur la province, sur l'étranger, sur l'ardentesympathie des peuples émus, sur les femmes mêmes de Berlin et du Hanovre, déjà si près de la révolte?

Vous repoussez les sœurs et les épouses qui veulent partager les dangers de leurs frères et de leurs maris comme l'ont fait cent mille femmes des Etats-Unis pendant la guerre de la sécession! Vous les flétrissez d'avance, du haut de votre intolérance vaniteuse, par une inqualifiable assimilation avec les Vésuviennes de 1848! Vous avez peur qu'une fois sorties des colifichets et des chiffons, elles ne prennent la vie au sérieux, et qu'elles ne réclament un jour leur part légitime de travail et d'influence ! Et vous ne vous apercevez pas que c'est là précisément votre seule chance de salut social, que la femme est le sel de la terre, que tout grandit ou tombe avec elle, et qu'il faut des Cornélie pour faire des Gracchus! Et vous ne voyez pas que les Amazones elles-mêmes sont partout où il y a un acte glorieux, qu'elles inspirent les jeunes chefs sur lesquels vous comptez, qu'elles sauvent Rheims du pillage, surprennent les convois de l'ennemi, exaltent la colère et la résistance des campagnes, et que si l'organisation projetée eût été un fait général, vous n'auriez plus besoin de stimuler l'inertie du dehors! La France entière serait debout, et le colosse prussien s'abîmerait sans retour.

Il faut pourtant que toute cette routine de viveurs ait un terme, et qu'on envisage l'avenir avec d'autres yeux que ceux de la police. Nous entrons dans la phase la plus révolutionnaire de notre histoire, et la civilisation s'écroule si nous ne rompons pas avec tous les préjugés et toutes les petitesses du passé. Ce n'est ni de la Prusse qui sera vaincue, ni du communisme déjà muselé, que vient le danger. Il est en nous, dans notre anarchie morale, dans nos appétits de plaisirs, dans ce besoin de bien-être qui perd les petites âmes, selon l'heureuse expression de M. Coquerel. Il résulte surtout du manque absolu de caractères, et de l'éternelle fluctuation

_____

(1) Un quart au moins des personnes qui se sont fait inscrire demandait à sortir des remparts avec les bataillons de marche.

des idées, des intérêts et des systèmes dans une génération sans boussole parce qu'elle fut élevée sans principes. C'est la crise de l'ordre moral qui fait la crise de l'ordre matériel. C'est l'énorme écart de nos mœurs avec les institutions inévitables de la démocratie qui menace la société entière des plus terribles convulsions.

Or, il ne faut pas s'y tromper, la femme seule, par son rôle plus actif et plus universel, pourrait nous éviter cet écueil suprême. Notre sexe n'a plus assez de ressort pour se relever à la hauteur voulue. Nous appartenons tous, plus ou moins, à l'existence abrutissante du demi-monde et des cafés, tandis que la femme n'appartient qu'à la famille. Nous respirons un air vicié, elle respire un air sain. Elle a seule conservé ce que nous ne connaissons plus, l'enthousiasme, le feu sacré, le sentiment, la poésie, l'instinct du bon et du beau. Elle peut tout recréer en s'affranchissant elle-même de nos caprices, et de ses propres habitudes de futilités et de luxe ruineux. Son spiritualisme de cœur et de pensée, étranger à nos vices destructeurs (1), est l'unique contrepoids du matérialisme grossier qui nous gangrène, aussi bien dans les régions supérieures que dans les sphères infimes. Il ne lui manque qu'une éducation plus complète et plus rationnelle pour devenir, sans sortir de son rôle intérieur, mais en reprenant tous les droits et toutes les positions que notre égoïsme lui a ravis, l'inspiratrice puissante de notre régénération. La civilisation n'est ni un mécanisme industriel, ni une mise en scène théâtrale. C'est l'utilisation de toutes les forces vives de l'humanité dans un but de moralisation mutuelle. Son indice le plus significatif est le respect de la femme. Et les vieux Gaëls des temps légendaires étaient plus près que nous de l'idéal de la république quand ils confiaient à la vierge des forêts sacrées non-seulement la faucile d'or du sacerdoce, mais encore les dernières résolutions de la paix publique et le salut de la patrie.

C'est à ces vues, nouvelles peut-être pour les habitués de la Maison-d'Or et de Mabille, mais à coup sûr plus dignes d'encouragement que d'interdiction, que répondait le projet des Amazones si outrageusement apprécié. Il fallait l'épreuve actuelle pour lui donner naissance. Il fallait une immense douleur planant également sur toutes les classes, pour rendre possible leur rapprochement et le réveil des sentiments généreux que l'Empire avait étouffés. L'organisation que je préparais aurait survécu à ces circonstances dans sa forme sociale, et elle aurait peut-être empêché ainsi les luttes intestines dont nous sommes menacés.

L'affiche du 10 octobre disait tout cela pour ceux qui savent lire. Dieu veuille que nous ne nous repentions pas bientôt d'avoir laissé la main de la police écraser un germe fécond de rénovation intérieure ! Mais en retrouvant encore sous la république l'instrument de mort qui a déjà sacrifié tant de générations, je ne puis que répéter contre l'administration entière, telle que nous l'a faite la centralisation impériale, l'anathème du vieux Caton contre la ville de la foi punique, des sacrifices humains et de la dépravation africaine : Il faut détruire Carthage. *Delenda est Carthago.*

---

(1) Dans un ouvrage publié en 1867, sous ce titre : *A travers l'Amérique centrale,* en deux volumes in-8° avec cartes, j'ai prédit ainsi les funestes conséquences de l'abus du tabac qui soumet aujourd'hui toute l'Allemagne au délire d'orgueild'un seul homme. « Le tabac qui n'est qu'un » diminutif de l'opium, devait porter ses fruits. » Il a tué l'Orient depuis des siècles; cinquante » ans lui ont suffi pour faire ergoter jusqu'au » panthéisme et jusqu'à Sadowa, l'Allemagne » d'Arminius et de Leibnitz. Je n'ai pas besoin » de dire ce qu'il a fait de la France depuis vingt » ans. L'Europe lui devra, avant peu, de n'être » qu'une immense Chine, docile à toutes les cor- « ruptions comme à toutes les violences, digne » d'être foulée aux pieds par les Gangiskan de » l'avenir, comme elle l'est déjà par les Césars et » les Bismarck de l'heure présente. » (1er vol., page 164, à la librairie Romande, 33, rue de Seine.)

Paris. — Imprimerie Ch. Schiller, faubourg Montmartre, 10.

Voici le texte de l'affiche placardée le 10 octobre :

# 1<sup>er</sup> BATAILLON

DES

# AMAZONES DE LA SEINE

Pour répondre aux vœux qui nous ont été exprimés par de nombreuses lettres, et aux dispositions généreuses d'une grande partie de la population féminine de Paris, il sera formé successivement, au fur et à mesure des ressources qui nous seront fournies pour leur organisation et leur armement, dix bataillons de femmes, sans distinction de classes sociales, qui prendront le titre d'*Amazones de la Seine.*

Ces bataillons sont principalement destinés à défendre les remparts et les barricades, concurremment avec la partie la plus sédentaire de la Garde nationale, et à rendre aux combattants dans les rangs desquels ils seraient distribués par compagnies, tous les services domestiques et fraternels, compatibles avec l'ordre moral et la discipline militaire. Ils se chargeront, en outre, de donner aux blessés, sur les remparts, les premiers soins, qui leur éviteront le supplice d'une attente de plusieurs heures. Ils seront armés de fusils légers, ayant au moins une portée de 200 mètres, et le Gouvernement sera prié de les assimiler aux Gardes nationales pour l'indemnité de 1 fr. 50.

Le costume des *Amazones de la Seine* se composera d'un pantalon noir à bandes orange, d'une blouse de laine noire à capuchon et d'un képi noir à liserés orange, avec une cartouchière en bandoulière.

Un Bureau d'enrôlement est ouvert rue Turbigo, 36, de neuf heures du matin à cinq heures du soir, pour la formation du 1<sup>er</sup> bataillon, sous la direction d'un officier supérieur en retraite. On ne pourra s'y présenter qu'accompagné d'un garde national comme répondant. Le bataillon comprendra huit compagnies de 150 Amazones, en tout 1,200 ; et chaque compagnie sera immédiatement exercée par des instructeurs au maniement du fusil et à la marche régimentaire.

Pour couvrir les frais de cette création qui doit être improvisée, sous peine de devenir inutile, un appel adressé, par la voie de la presse, à toutes les dames des classes riches, sollicitera de leur patriotisme et de leur intérêt bien entendu, le sacrifice de leur superflu à la cause sacrée du pays. Elles ont assez de bracelets, de colliers et de bijoux, que leur arracherait le brigandage prussien si Paris succombait, pour armer cent mille de leurs sœurs. Elles ne se refuseront pas, je l'espère, à témoigner de leurs sentiments civiques par les plus larges souscriptions, et à renverser ainsi la barrière qui les a trop longtemps séparées des classes laborieuses. Un registre est ouvert à cet effet au bureau d'enrôlement, et une comptabilité rigoureuse, qui sera rendue publique, justifiera de l'importance des dons et de leur emploi.

Un médecin expérimenté, autant que possible du sexe féminin, sera attaché à chaque bataillon. Celui du 1<sup>er</sup> bataillon assistera au recrutement de son personnel, et une ambulance spéciale sera affectée aux Amazones blessées, sous la direction du chef du service médical, M. le D<sup>r</sup> Coudret. Un comité de Dames, faisant fonctions de conseil de famille, pourvoira aux soins hygiéniques, à la tenue de l'ambulance et aux nécessités de la mauvaise saison.

Messieurs les Armuriers et Arquebusiers sont invités à présenter au bureau, les types d'armes qu'ils pourraient fournir, dont l'examen sera confié à des officiers d'artillerie.

Les moments sont précieux. Les femmes, elles aussi, sentent que la patrie et la civilisation ont besoin de toutes leurs forces pour résister aux violences sauvages de la Prusse. Elles veulent partager nos périls, soutenir nos courages, nous donner l'exemple du mépris de la mort et mériter ainsi leur émancipation et leur égalité civile. Elles ont plus que nous le feu divin des grandes résolutions qui sauvent, et le dévouement actif qui soutient et console. Ouvrons nos rangs pour recevoir, sur les remparts, les compagnes aimées du foyer ; et que l'Europe apprenne avec admiration que ce ne sont pas seulement des milliers de citoyens, mais encore des milliers de femmes qui défendent à Paris, la liberté du monde contre un nouveau débordement de barbares.

Le *chef provisoire* du 1<sup>er</sup> *bataillon,*

**FÉLIX BELLY**.

Paris, le 10 octobre 1870.